TRAITÉ DE L'ARCHITECTURE.

PAR LE Sr. CATHERINOT.

LES premiers hommes se logerent dans les Troncs d'Arbres, & puis dans les Cavernes. Ensuite ils se bastirent des Baraques, des Paillers, des Taudis, & des Chaumines sur quatre fourches. Enfin ils se firent des Loges & des Logis. Des Logis ils passerent aux superbes Hostels & aux Palais, & enchérissant sur tout ce que dessus, ils firent des Hameaux & Villages, puis des Bourgs, & enfin des Villes. Delà ils éleverent des Palais dans ces Villes, des Murs & des Tours autour de ces Villes, & enfin des Aqueducs pour ces Villes. Voyez Vitruve livre 2. chap. 1. Je me suis aidé en cet Opuscule des Ouvrages de Pline, Solin, Cassiodore, Isidore, & Polydore. De ceux de Vitruve & Albert, de ceux de Cujas, Brisson, & Pancirole, de ceux du Pere Hardoüin sur Pline, Saumaise sur Solin, Philandre sur Vitruve, des voyages de Mr. [illegible], & de ceux du Pere Mabillon. Quant à la Notice de Rome, Victor & [illegible] ne sont pas toujours d'accord. La [illegible] de ce Traité n'est pas fort reguliere, mais il vaut mieux presenter des [illegible] au Soleil, & à la Lune en confusion, que de donner des Invalides & des [illegible] en ordre. Je ne pretends point former un Architecte; mais seulement [illegible] les [illegible] de l'Architecture. Ce livre mesme devoit porter le titre de Memoires, plustost que de Traité.

Architectes anciens. Vitruve en [illegible] en la Preface de son 7. Livre, & Ausone en sa Moselle, & [illegible] lib. 1. [illegible] Ils sont tous Grecs; car nous leurs [illegible] grands [illegible], Philosophes, Astronomes, Geographes, Historiens, [illegible] Sculpteurs, Fondeurs, & Architectes. [illegible] de ceux-cy. Les uns sont Architectes, [illegible]

Architectes modernes. [illegible]

& l'Abbaye de Marmontier en partie. Ie n'oublie point Messieurs Bullé pere & fils Architectes du Roy, qui ont donné le dessein du Palais Patriarcal de Bourges, & du Seminaire de la mesme Ville. Messire François de Chinon, comme il sçavoit tout, il sçavoit aussi l'Architecture.

Bastisseurs anciens. Suivant la Sainte-Ecriture, ce sont Caïn, Tubal, Iubal, Tubalcain, Noé, Phaleg, & les Entrepreneurs de la Tour de Babylone. Mais suivant les Assyriens, & les Grecs, ce sont *Belus*, *Ninus*, *Ægyaleus*, *Zoroaster*, la généreuse *Semiramis*, *&c.* Adjoustez tous les Fondateurs des premiers Estats du Monde, & leurs Successeurs, comme Argives, Atheniens, Lacedemoniens, Troyens, Corinthiens, Myceniens, Latins, Lydiens, Tyriens, Medes, Macedoniens, Parthes, Berruyers, Romains, &c.

Empereurs de Rome bastisseurs. Iulle Cesar projettoit de bastir le Temple de Mars; dresser des Bibliotheques, desechecher des Marais, faire couler des Lacs, restaurer les Chemins, & autres grands Ouvrages: mais il fut intercepté par une mort violente. Auguste changea la Rome de Brique en la Rome de Marbre. Voyez pour cét Empereur & pour les autres, Suetone, Dion, Spartien, Capitolin, Lampride, Gallican, Pollion, Vopisque, & Xiphilin abreviateur de Dion. Voyez aussi pour les Empereurs de Constantinople, Procope, Agathias, Theophylacte, George, Theophane, Nicephore, Cedren, Curopalate, Glycas, Zonare, la Princesse Comnene, Cinnamus son continuateur.

Roys de France bastisseurs. Clovis bastit S. Pierre & S. Paul de Paris, Childebert I. S. Vincent de Paris, S. Michel du Mont, & S. Aubin d'Angers. Clotaire I. S. Mars ou Medard de Soissons. Chilperic I. Nostre-Dame de Tournay, & S. Maur des Fossez. Gontran S. Mars sous Chaalons. Dagobert I. S. Denis en France, & S. Denis de Doüay. Clovis II. S. Aignan d'Orleans. Thierry I. S. Vvast d'Arras. Mais Charlemagne & Louis son fils ont passé tous leurs Predecesseurs &c. & ils ont esté égalez par François I. exterminateur de la Gotherie, & restaurateur de la belle Architecture ancienne en France, & par Louis le Grand.

Papes bastisseurs. Gregoire I. qui avoit esté Benedictin, a basty aussi plusieurs Benedictineries. Voyez ses Successeurs chez Anastase, Platine, Ciaconius & leurs continuateurs. Sixte V. a plus fait d'ouvrages en 5. ans de Pontificat que 50. Papes ensemble. Mais Gregoire XV. fit si peu qu'estant malade, & la ruë ayant esté barrée pour luy épargner le bruit des charrois, on trouva le jour suivant cette belle Inscription attachée à un des Poteaux: *Gregorius XV. Pontifex Maximus hos palos à fundamentis erexit.* A Rome on aime les ouvrages publiques, & souvent les femmes publiques.

Bastisseurs modernes. Il faut parcourir Paris & ses environs pour y voir tous les Hostels de la Ville, & toutes les Maisons de la Campagne. Il n'apartient qu'aux Traitans, Partisans, & Gens d'affaire de bastir en cette Isle de France. Les Provinciaux comme ils n'ont rien, ne font rien aussi. *Ex nihilo nihil fit.* Ils ne peuvent pas mesme reparer, si ce n'est les couvertures. Ce qui tombe demeure en ruine, & ce qui brusle y demeure en cendre.

Bastisseurs de Berry. Les Coryphées sont les anciens Ducs de Bourbon, le Duc Iean & Iacques Cœur, & presentement Monseigneur Phelypeaux nostre Patriarche & nagueres M. de Valencé de la maison d'Etampes. Car Bourbon l'Archambaud & Valencé sont de l'ancien fond de Berry, & le premier n'en a esté demembré qu'en 1329. & le second vers 1490. Les Ancestres de Marie Riglet ma mere, s'apprirent à bastir en contribuant de leurs soins & de leurs biens pour la Structure de S. Medard à Bourges, sous Louis XII. & de l'Hôtel-Dieu sous François I. on y voit encore leurs Ecussons, & leurs Monogrames ou Chifres. Presques tous leurs Successeurs naissent la Truelle en main, & bastiroient volontiers dans les 4. Parties du Monde.

Antibastisseurs & Antiarchitectes, comme les Gots, les Normands, & les Turcs. Les Gots des le 5. Siécle, les Normands des le 9. & les Turcs depuis 3. Siécles. Ces 3. Nations ont esté les bourreaux de l'Architecture. Il est vray que les Normands ont enfin reparé leurs crimes de l'Architecture lesée partant de belles Eglises Collegiales & Monastiques qu'ils ont basties, & ils font à present l'honneur de la France, partant d'excellens Orateurs & Poëtes qu'ils fournissent annuellement.

Architecture est l'art de bien bastir. Elle est comme la Sphere, Barbaresque, ou Grecanique. Barbaresque comme les Pyramides d'Egypte, Grecanique comme les colomnes Doriques, Ioniques ou Corinthiennes. Elle consiste au travail d'esprit & de corps. L'esprit invente, & le corps execute. Le bastiment est l'objet de l'Architecture. Dans le bastiment on envisage trois objets, les causes, les especes & la petite Oye. On compte 4. causes l'efficiante qui est l'Architecte, la Materiele qui consiste principalement aux pierres & aux bois; la formelle qui est l'idée générale ou particuliere de l'ouvrage; la finale qui est la necessité, la commodité ou la volupté. Quant aux especes, les bastimens sont publiques ou particuliers, sacrez ou profanes, Urbains ou Ruraux. Quant à la petite Oye ce sont comme les Iardins, les Parcs, les Bois, les Viviers. Mais j'oubliois la definition de l'Architecte; c'est un homme de bien qui entend la Structure. *Vir bonus edificandi peritus.* Le *Vir bonus* doit entrer dans toutes les definitions des hommes, & y faire figure de genre, comme par exemple. *Rhetor est vir bonus fallendi peritus, Poëta est vir bonus mentiendi peritus, &c.* On ne devoit pas dire Architecte, mais *Architecton*, qui signifie Maistre Ouvrier. Mais c'est une faute âgée de 18. Siécle. L'Architecte doit aussi sçavoir debastir aussi bien qu'un Ingenieur, Mineur, Machiniste. Feu Me. Iean le Iege celebre Architecte à Bourges, demantela la Ville de Sancerre vers 1622. & de bastir le Chasteau d'Argenton vers 1632. le tout par ordre du Roy. Quant à Chantelle, elle fut démolie vers 1600. si je ne me trompe.

L'Idée du bastiment est universelle ou particuliere, l'universelle se nomme Scenographie, la particuliere se divise en Ichnographie ou Orthographie. La 1. consiste au Plan, la 2. en l'Elevation. La Scenographie differe de l'Orthographie en ce que la 1. represente le dessein par le frontispice & les costez, & la 2.

ne le represente que par le frontispice. On doit aussi adjouster l'Enterographie ou la coupe, quand on represente le dedans du bastiment, comme si on le coupoit en deux, ce qui se peut faire en long ou en large.

La perfection d'un bastiment consiste en sa proportion & œconomie. Sa proportion exige Eurythmie & Symmetrie. La 1. consiste en la beauté de la Structure, la 2. au rapport & en l'assortiment de toutes les parties les unes aux autres. L'œconomie dispose des lieux & les accommode selon les lieux, & les personnes. Elle destine le plain pied ou dessous, aux offices ou officines, & le dessus aux Bibliotheques, & aux Cabinets. Elle place les greniers en haut, les caves en bas, les chambres au milieu. Elle met en veuë les sales, & cache les cloaques. Elle accompagne les logis des courts devant, & de jardins derriere. Elle pratique les escaliers ou au milieu ou aux costez. Elle épargne les estages dans les lieux venteux, & les multiplie dans les lieux peuplez.

Ordres d'Architecture. Cét Art doit ses ordres à la Grece aussi bien que la Musique ses modes. La langue Grecque compte 5. Dialectes, qui sont Ionique, Attique, Dorique, Eolique, & commun. La Musique compte 12. modes qui se reduisent à 5. Dorien, Phrygien, Lydien, Eolien, & Ionien. L'Architecture compte aussi 5. ordres qui sont Toscan, Dorique, Ionique, Corinthien & Composite. Le Toscan se connoist à sa simplicité, le Dorique à ses metopes, l'Ionique à ses volutes, & le Corinthien à ses feüillages: j'en ay fabriqué ce distique pour m'en souvenir. *Simplex est Tuscus, dat Doricus ordo metopas. Volvit Ion, foliis gaudet formosa Corinthus*; on peut adjouster la Gothique. On nomme ainsi depuis 8 Siécles tout ce qui est Barbare & mal-fait. On disoit autrefois Scythique au mesme sens. On dit lettre Gothique pour lettre Gause & mal-formée: on devroit la nommer lettre serrée telle qu'elle se voit sur les Tombeaux de 3. Siécles M. de Scudery dans son Alaric décrit un Palais à la Gothique, qui a esté critiqué par M. de Preaux. Pour faire un bon usage des ordres, il faut employer le Toscan en bas, & le Corinthien en haut. Les anciens bastissoient à Minerve, Mars & Hercule des Temples à la Dorique; à Venus, Flore & Proserpine des Temples à la Corinthienne; à Iunon, Diane, Bacchus, & aux autres Dieux des Temples à l'Ionique. Ainsi le Toscan seroit bon pour les Religieux de saint François, l'Ionique pour ceux de saint Dominique & le Corinthien pour ceux de saint Benoist & de saint Ignace.

Termes selon les 5. ordres de l'Architecture, j'en ay veu un ramas de 18. Imprimé à Lyon en 1572. Le 1. represente Atlas, & Atlantide, le 2. le Dolent & la Dolente, le 3. la Nudité, le 4. Hercule & Deianire, le 5. le Faineant & la Faineante, le 6 Adam & Eve, le 7. le Captif & la Captive, &c.

Regles d'Architecture. Ne faut en Hyver ny bastir, ny voguer, ny guerroyer. Il faut bastir commodement, agreablement, promptement, & à bon compte. Le bastiment doit estre aisé, bien ordonné, salubre, & durable. L'Architecte doit en cela imiter le Medecin. Faut bastir Villes en plat, Citadelles en haut. Les Villes *Succursum*, les Citadelles *Conservatum*. Faut bastir haut de

sol

sol, car la maison est plus salubre, & en pavant les ruës on les éleve toûjours. Faut bastir des Maisons, & non des Prisons; comme sont les anciens Palais, & Hostels, faut asseoir le plein sur le plein, & le vuide sur le vuide, faut plancher le bas & carreler le haut, faut voûter le bas & soliver le haut, faut engraisser & grossir le Mur par le bas, & degraisser ou étraicir par le haut, faut éloigner le Puits & le Privé. On ne doit bastir de bois qu'à défaut de pierre, ou dans les lieux sujets au tremblement. Les étages doivent diminuer à proportion qu'ils montent. On doit employer le grossier en bas, & le délicat en haut, soit pour les pierres, soit pour les ordres. Une belle simplicité vaut mieux que tant de recherches confuses. Souvent on gaste un bastiment nouveau pour vouloir s'assujettir à un vieux. A face biaise il faut néanmoins faire les Angles droits. Les chambres basses seront au moins de douze pieds de haut, les portes de sept. L'allée passante est plus commode que l'enfilade, mais l'enfilade ressent mieux sa grandeur. Plus les chambres sont dégagées, plus elles sont commodes. Paris travaille au bastiment comme la nature à Lembryon. Les Massons, Charpentiers, Couvreurs, Menuisiers, Serruriers, Vitriers, tous s'employent de concert ou preparent les choses necessaires en mesme temps.

Inventions & découvertes de l'Architecture. Voyez Pline liv. 7. chap. 50. & son 36. liv. les colomnes torses & les couvertures à la Mansarde sont modernes; peut-estre aussi les décharges des poudres & les ventouses des murailles. Quant aux colomnes torses. *Nec tortos mores, nec tortas laudo columnas.* Ces ornemens Paradoxes, Heterodites, & Anomaux ne sont bons que pour orner des logis estropiez à des Manchots; des logis sombres à des Aveugles; & des logis mal bastis à des Insensez.

Sciences, Professions, Arts & Mestiers qui servent à l'Architecture. Il en faut du moins autant que les Gobelins en renferment dans leur enceinte. L'Architecte sera Peintre, Statuaire, Tapissier, Orfévre, Menuisier & Mosaycien, Michel-Ange & Bernin estoient comme universels, il estoient des Apeles, des Phidias, des Praxiteles & des Vitruves. On les auroit pris pour des Varrons, des Hygins, & des Cornelius Celsus. Vitruve veut que son Architecte sçache Grammaire, Arithmetique, Geometrie, Musique, Astrologie, Medecine, Peinture & Sculpture. Luy-mesme traite de la Peinture & des couleurs en son 7. livre, de la Geometrie & Astronomie en son 9.

Mesures. Elles sont lineaires, superficiaires ou massives. Les lineaires n'ont qu'une dimension, la longueur, largeur, ou hauteur; les superficiaires en ont 2. la longueur & largeur. Mais les massives & solides en ont trois, la longueur, la largeur & épaisseur ou profondeur. Des mesures lineaires, la toise est la plus commune, elle se partage en 6. pieds de Roy, le pied en 12. pouces, & le pouce en 12. lignes c'est la sans pareille, comme estant la plus petite. Voyez Agricola, & Philandre son abbreviateur, & le Muet en sa maniere de bien bastir.

Machines. Voyez les Mechaniques d'Aristote, & le 10. livre de Vitruve. Il est de deux sortes de Machines, les unes servent à bastir, les autres à perdre ou défendre les Villes. Les premiers se nomment Architectoniques comme les Grües, & les autres se nomment Poliorcetiques, comme les Beliers, les Befrois & autres engins. *De machina* au 1 sens, & pour un échafaut vient le nom de Mallon. Voyez la Loy 5. *D. commodati* Quant aux machinistes, ils se nomment aussi Chapus & Charpentiers, & sont devenus noms de familles. Dans les Sieges on employe tout pour attaquer ou pour assaillir. Au Siege de Batavie en 1629. les Assiegez employerent les pierres des Murs, les tuiles des Toits & les ordures des Cloaques, nonobstant le vieux Distique Leonin : *Hoc scio pro certo, quod sicum stercore certo ; Victus seu victor, semper ego maculor.* Les Mousquets de Sancerre au siécle passé n'estoient que les frondes des Assiegez. On attaque les Villes basses par des hauteurs, & les Villes hautes par des mines. On dit Ville sous une Montagne, & Ville sur une Riviere.

Pour revenir à nostre sujet, la machinerie enseigne à faire par Art ce que l'on ne peut par nature. Elle employe le Feu comme dans l'Artillerie, l'air comme dans les Moulins à Vent, l'Eau comme dans les Moulins à Eau, & dans les Hydrauliques, & enfin la Terre comme dans les ressorts & les contrepoids. On employe les machines à groüiller ou à guinder. Groüiller c'est mouvoir avec des roulettes, ce verbe vient de *Rotulare*. Guinder c'est lever en haut. Ce mot vient de guinde *Contus*, d'où vient aussi guide & guider. Pour guinder on employe les Roües & les Poulies, & plus on multiplie les Poulies, & plus on allege le fardeau.

Ouvriers. Voyez combien Salomon en employa pour son Temple, & combien les Roys d'Egypte pour leurs Pyramides. Seulement en orgnons pour les Ouvriers il en couta des sommes immenses.

Ouvrages d'Architecture. *Opus Isodomum*, quand on bastit de pierres égales ; *Pseudisodomum*, de pierres inégales ; *Emplecton*, quand le dehors est de pierres taillées, & le dedans de pierres brutes, *Reticulatum*, quand on couche la brique sur le costé ; *Signinum*, quand on cimente. *Albarium*, quand on blanchit le parois, *Tectorium*, quand on le plastre, *Intestinum*, quand on lambrisse. Le reticulé se void au Mousolée d'Auguste, au Palais Pincien, au Tombeau de Virgile & autres lieux d'Italie, & à Bourges aux anciens Murs de la Ville du costé de saint Paul.

Fondations. Voyez Vitruve liv. 1. chap. 5. liv. 6 chap. 11. Pline liv. 36. chap. 14. Albert liv. 3. Les fondemens seront assis en terre ferme, il seront épais, on y employera les plus grosses pierres, & on ne bastira rien dessus qu'aprés qu'ils seront sechés & consolidés. Plus on veut élever, & plus on doit fonder, la nature le montre bien dans les Arbres Les racines des Pêchers, & les Abricotiers sont à fleur de terre : mais celles des Chesnes & des Ormes vont jusqu'aux Fauxbourgs de l'Enfer. S'il y a quelque vuide dans les fondemens, il paroîtra dans les Murs, car ils se fendront. C'est pourquoy il ne faut point abandonner les Massons quand ils fondent, il faut les veiller en personne, & non point par Procureur. On me donneroit des places pour y bastir, que je les refuserois, quand elles sont infondables. Il faut sonder & puis fonder. Tout ce qui porte ou sur le sable ou à faux, est caduque. Quand les fondations sont difficiles, on pilote, on bastit sur annexe, ou plonge des poutres en terre, & on les lie à queuë d'aronde.

Pilotis. Les plus admirables Villes sont celles qui sont basties dans les Eaux & sur le pilotis, comme Venise sur la Mer Adriatique, Mexico en Amerique, Siam dans les Indes Orientales, & Stocolme en Suede, le nom mesme signifie Pilotis. Amsterdam est sans Chevaux, sans Caroces & sans Ecuries comme j'aprends. Grandville c'est Paris, Belleville Florence, Vieville Rome, Sacreville Jerusalem, mais Mireville c'est Venise. Megalopolis c'est Rome, Hieropolis Jerusalem, Callipolis Constantinople, Sophopolis Athenes, mais Thaumatiopolis c'est Venise. Sannazar avoit raison dedire que Rome avoit esté bastie par les hommes, mais Venise par les Dieux. Les Venitiens ont le pied marin, & les Romains le pied poudreux. Le pilotis évanté se pourrit.

Pierres. Cadmus au rapport de Pline liv. 7. chap. 56. ouvrit le premier les Carrieres à Thebes ou en Phenicie. On doit dire *lapicidinas*, & non *lapidicinas*. Mais on demande si les pierres croissent; & si par consequent les perrieres peuvent produire un usufruit. Pline semble tenir l'afirmative liv. 36. chap. 15. à la fin. Voyez Mr. Cujas liv. 15. observ. 31. J'estime que les pierres sont comme les monnoyes, & quelles ne font point de petits, & que neanmoins un usufruitier peut faire tirer des pierres, mais avec moderation & retenuë : *Potest delibare non exhaurire*. Quant au surplus des pierres, voyez Vitruve liv. 2 chap. 7. & Pline liv. 36 chap. 22. Les pierres doivent se couper en bonne Lune & se placer en bastiment comme elles estoient en terre. On les taille ou dessus le Roc en faisant un cerne, ou dessous le Roc en creusant. Mais il faut laisser des pilotis de distance en distance. Le Val de Grace à Paris est basty sur des Carrieres, & on ne s'en apperçeut qu'aprés l'ouvrage fait. De sorte qu'il fallut refonder Les pierres sont aussi de deux sortes, les unes naturelles comme les fossiles, & les autres artificielles comme les coctiles. Celles-cy se nommoient pierres de fabrique, & dela nous avons fait le nom de brique. Mais voyez Pline liv. 35. chap. 14. & Vitruve liv. 2. chap. 3. Albert liv. 2. chap. 8.

Ligatures ou Liaisons des pierres. Les Romains dans les grands ouvrages ne mettoient ny sable, ny chaux, ny plastre. Ils ne bastissoient que de grosses pierres, & ils les lioyent ou en les dodinant, ou en les ferramitant. Mais le crampon estoit le plus seur; & en effet c'est se moquer de vouloir lier & coller de grosses pierres avec quelques grains de sable, ou avec de la poudre de ciment. Pour une plus grande fermeté ils ne placeoient point les grosses pierres de costé & de long comme des parements, mais fort avant dans les murailles comme des boutisses. Voyez Vitruve liv. 2. Albert liv. 2. Pline liv. 36. chap. 15. & 23. La poudre de Pouzole est admirable pour bastir solidement : voyez Seneque en ses Questions nat. liv. 3. Coelius en ses Leçons Anciennes liv. 16. &

Maiole en ses Colloques. Elle réüssit comme le Bitume & le sang de Bœuf. Quant à la chaux, voyez Cassiodore liv. 7. chap. 17. Rome avoit son Prevost de la chaux & des chaufourniers.

Colomnes. Elles sont l'ornement des bastimens & different des piliers en ce qu'elles sont ordinairement d'une seule pierre & les piliers de plusieurs. Elles sont monolithes, & non polylithes. Ainsi different en partie les Obelisques & les Pyramides. Les plus anciennes colomnes sont ces deux qui furent élevées aprés le Deluge, l'une de pierre & l'autre de brique, comme aussi celles d'Hercules & de Samson. On ne peut rien faire de beau sans colomnes, elles font la difference des 5 ordres. Les plus celebres sont celles de Trajan & d'Antonin le Pieux à Rome, & deux autres semblables à C. P. Adjoustez les colomnes milliaires qui marquoient les longueurs des chemins de mille en mille pas; & principalement la colomne milliaire d'or ou dorée qu'Auguste fit planter à Rome, pour delà conter tous les milles ou milliaires des chemins; Augustin, Brisson & Pancirole celebres I. C. en ont fait la remarque. C. P. en avoit une semblable. Il y à aussi la colomne du Chapitre que l'on fait embrasser en cas de coulpe. Prostyle estoit un temple colomné par devant, Amphiprostyle par devant & par derriere, & Peristyle tout autour comme les Cloistres à l'imitation des anciens Palais. La colomnate ou forest des colomnes devant saint Pierre de Rome est admirable: Elle est du dessein & du travail du Seigneur Bernin. Les colomnes du Temple d'Ephese estoient encore admirables; voyez Pline liv. 36. chap. 14. Les colomnes torses sont d'une invention nouvelle, mais peu agreable & peu utile: car elle blessent les yeux qui veulent toûjours voir des choses regulieres, & elles sont moins propres à supporter les fardeaux que les droites. Mais on demande si les anciens avoient des colomnes fusiles, non de metail mais de pierres. J'en doute fort. On demande aussi si les Histoires des Saints Stylites sont veritables. Je répons qu'ouy. On dit que les Colomnes de Rome tirent leur nom de ce qu'un de cette maison fit apporter à Rome la colomne de la Flagelation. *Columella* estoit aussi un nom, mais servile aussi bien que *Statius*. Car la posture d'un Valet c'est d'estre de bout devant son Maistre. Voyez pour les colomnes Vitruve liv. 4. & le Traité de Philandre sur le 3. liv. Pline liv. 36. chapitre 15. & 23.

Colomnes & ses parties. On peut anatomiser toutes choses naturelles ou artificielles, mais principalement les Bastimens, les Theatres, les Horloges, les Navires & aussi les Colomnes. Il n'y à pas une seule petite partie dans la colomne qui n'ait sa cause, sa mesure & son nom. Voicy les plus communs noms des parties & des ornemens en 2. Vers. *Est basis, est scapus, caput est pars summa columnæ. Incubat architrabes, tum Zophorus, inde corona.* C'est en François la Base, le Fust, le Chapiteau, l'Architrave, la Frise & la Corniche. La colomne ou plutost la Tour de Trajan, la Reyne de toutes est admirable. Elle est élevée de 128. pieds, percée de 44. fenestres, montée de 123. marches. Elle est de plusieurs Marbres, mais chaque piece de Marbre fait son tour

complet.

complet. Les actions remarquables de Trajan sont gravées sur le rond, non pas circulairement, mais spiralement, & à mesure que les Figures montent, elles croissent de taille, afin que du bas elles paroissent toutes de semblable hauteur. Le Roy a fait moûler & modeler cette colomne, & le travail couste prés de deux cens mille livres. François I. avoit fait la mesme chose, mais les creux furent si négligez aprés sa mort, qu'ils servirent à bastir une Ecurie. Celle d'Antonin est haute de quelques 170. pieds, percée de 56. lucarnes, & montée de 206. marches. La 1. est surmontée d'un saint Pierre, la 2. d'un S. Paul, au lieu des deux Urnes d'or qu'elles portoient autrefois où estoient les cendres de Trajan dans l'une, & d'Antonin dans l'autre. Mr. de Chezelles curieux Antiquaire du Bourbonnois m'a donné deux Medailles de ces colomnes, dont je luy suis fort redevable.

Voûtes. La voûte est le chef d'œuvre de l'Architecture, & à plus forte raison quand il y à deux voûtes l'une sur l'autre comme à la sainte Chapelle de Paris ou trois, comme au Pont du Gard, & au Chapitre de la sainte Chapelle de Bourges où fut concertée la Pragmatique Sanction en 1438. Car il y à voûte dessous pour le Trésor, & voûte dessus pour la Bibliotheque. De toutes les industries de l'Architecture, outre les Saillies & les Escaliers, les voûtes sont les plus admirables. Il est aisé de bastir contre terre en pavant, de bastir sur terre en montant : mais il faut estre adroit pour bastir en l'air, & y suspendre de grosses pierres. Les voûtes sont longues, carrées, rondes, surbaissées. On peut mesme en faire de plates, & avec des fonds de lampes. Mais les plus seures sont les voûtes mitrées; car elles poussent moins que les autres. Toutes les voûtes sont destinées à la cheûte comme tous les pots de terre ou de verre destinez à la casse. *Arcus, fornix, testudo* different. *Camera* comprend toutes les differences. Voyez Vitruve & Philandre liv. 7. chap. 3. voyez Albert liv. 3. chap. 13. & 15. De *Camera* on a fait *camerare*, chambriller à present lambrisser. L'Arcade est le symbole de la concorde. Une seule pierre ostée fait tomber toute la Structure. On compare aussi les Privileges de Noblesse aux ceintres des voûtes. Quand la voûte est bastie & consolidée, on abbat les ceintres. De mesme les Nobles de Privilege aprés quelques decades d'années, ajoûtent les concessions, oublient leur premiere roture, & se meslerent avec les Aborigines & les Antelonnaires. Les anciens Chrestiens voûtoient toûjours les Choeurs par respect au S. Sacrement de l'Autel. S'ils n'eussent esté persuadez de la Réalité, ils n'eussent pas fait cette depense.

Arcs boutans, étages, ou plustost étayes, & contreforts; *Anterides, arcus eminentes* sont d'un grand secours pour contenir les voûtes dans leur devoir : car autrement elles se demembrent. La maison d'Estampes en porte dans son Escusson. Car leur Gyron n'y est autre chose que des étays, & c'est une allusion à leur nom. Il faut néanmoins distinguer Arc-boutans & étays. Il me souvient que vers 1660. Mr. le Bloy tres-digne Doyen des Medecins de Bourges, fils & pere de Maistre, & luy-mesme grand Maistre en sa profession, car un gros procez contre un Entrepreneur qui avoit mal étayé sa maison. *Non arundine sed sublicâ fulciendum, non festuca sed trabe.* Les Arcs boutans de saint Estienne de Bourges sont si longs, si minces & si effilez, qu'ils sont une partie de la beauté de ce miracle d'Architecture.

Cheminées. Nos anciens François en faisoient de monstreuses qui causoient souvent la ruine des Pignons. Mais à present on les abbaisse & on les étrecit de telle sorte quelles ne passent pas l'épaisseur du mur. Elle ne paroissent qu'en Hyver, & on les cache en Esté sous les Tapisseries. Les cheminées sont droites ou tortes, mais toutes doivent estre assez larges pour y faire monter les ramoneurs. Les anciens n'avoient pas toûjours des cheminées : mais des tuyaux dans les parois qui conduisoient des airs de chaleur dans les chambres, en tirant des canelles ou en tournant des robinets. Les mesmes tuyaux servoient aussi a conduire le froid dans la chaleur de l'Esté. Voyez Philandre sur Vitruve liv. 7. chap. 3. De tuyau vient le mot d'étuve, car c'est *Tubus*, & par corruption *Stufa* Quant à cheminée c'est *Caminus*, du Grec *Capnion*. L'Allemand Reuclin grand Hebraïste se nomma *Capnion* en Grec.

Escaliers. Les escaliers sont la commodité des logis, les fenestres la beauté. Les Iusticiers pratiquent les escaliers, les Financiers les derobent, les Oeconomes les menagent. Les escaliers sont ronds, carrez ou longs. Les ronds se nomment visses *vitis*, & en Latin *cochlides*. Les modernes se sont signalez a suspendre des escaliers en l'air, & à les faire à jour par le milieu. Celuy de Chambord est un des plus admirables, & celuy qui se void dans une maison du Duc de Florence appellée *Palatium Pittorum*. Mais voyez Philandre sur Vitruve liv. 9. chap. 2. Nos anciens les faisoient toûjours ronds, de pierre, & hors d'œuvre, & dans des tourrelles, comme on voit dans les anciens Chasteaux. Ce qui estoit d'un grand secours pour éteindre les incendies par le haut. Ancone à une Eglise de saint François, à laquelle on monte par soixante marches Cette Eglise s'en nomme saint François de la Scala. On a autrefois raillé les Scaligers, & on leur a objecté qu'ils tiroient leur nom de quelque miserable qui couchoit sur les marches. Quant aux Colomnes de Rome, on en fournit aussi une Histoire raisonnée.

Menianes ou Saillies, & avances de maisons au 2. ou 3. étage. *Meniana, pergula, ecphora.* Voyez Festus & Asconius, Cujas & Pancirole sur la Loy. *Menianum C. de aedif. priv.* Amien néanmoins observe liv. 27. que Pretextat Prefet de Rome fit abbatre toutes les Saillies afin de rendre les ruës plus larges. Ce Menius estoit un Gallant de son temps, un prodigue, un sans-soucy, un sans-raison & un dissipateur de biens. Il vendit son Hostel, & s'en reserva une colomne sur laquelle il pratiqua un Catafalque sur la place publique, pour y voir les Gladiateurs.

Pinacotheques, Tabloteries ou Galleries à Peintures. Elles sont propres à cette destination, parce qu'elles sont longues & éclairées.

Coquillages. Cét usage n'est pas moderne. Voyez Philandre sur Vitruve liv.

7. ch. 9. 13. Les coquilles ont servy de monnoyes; elles servent encore aux Peintres: mais quand on parle des choses avec mépris, on dit ce n'est que du coquillage. Nous lisons néanmoins que Lelius & Scipion deux grands Héros Romains, se divertissoient à ramasser des coquilles sur les rivages.

Expediens. Les piliers qui soustiennent la voûte de l'Hostel Dieu de Bourges sont en dedans, & non en dehors. La Tour de saint Pierre le Marché à Bourges, a au pied un Puis qui luy sert de cautere. Car le lieu est marécageux & elle est bastie sur pilotis. L'Hostel de Mr. Perrault à Paris, a ses Escuries de l'autre costé de la ruë: mais on y passe sous la ruë par une arcade. L'Eglise de S. Sulpice de Paris est voûtée par dessous pour servir de Sepulture, & pour enterrer il ne faut point décareller l'Eglise par en haut. Mais les Gentils-hommes bien conseillez doivent avoir des maisons longues dans leurs Chasteaux négligez, afin que quand il pleut à un bout il se retirent à l'autre. J'en sçay des exemples.

Celerité. Sardanapale a basty deux Villes en un jour ou en deux jours. *Anchialon & Tarsum.* Cesar bastit un Pont sur la Saône en un jour. La Pyramide Sepulcrale de Cestius à Rome fut élevée en 330. jours, suivant son Testament. Les massons sont comme les Limaçons. *Cochleis vincunt tarditudine*, disoit Plaute en son Pœnulus. Il font durer la besongne; & imitent le pere du Mareschal de Biron qui traînoit la guerre pour n'estre pas reduit à planter des choux dans sa maison. Il faut donc preparer toutes choses avant que d'ouvrir la terre pour fonder & bastir. Voyez Alberti liv. 2. chap. 4. Néanmoins il faut dire en Structure comme en Impression, *Festina lente.* Il n'est pas seur de bastir sur des fondations [illegible].

Pestes des bastimens, l'Eau & le Feu. L'eau dans les lieux bas, le feu dans les bastimens ou de bois ou remplis de matieres combustibles. Les Villes bien policées n'y devroient souffrir ny granges ny fagotiers excessifs. Paris n'est point sujet au feu: car il y a bonne police; mais il doit craindre les magazins des Libraires & des Imprimeurs. En Février 1658. les eaux y déborderent extraordinairement, l'avanture est marquée dans le Cloistre des Celestins. Adjoustez les tremble-terres, comme celuy de 1531. qui abatit à Lisbonne prés de 1500. maisons. On en ressentit un à Bourges en 1579. mais innocent. J'ay tant parlé ailleurs des incendies de Bourges generaux ou regionaux que je n'en diray rien icy. Depuis 1487. il n'est presque point de logis à Bourges sans Cabinet voûté, ou sans crypte sur la Cave. Rome avoit les Officiers pour prevenir ou éteindre les incendies. Les Provinces [illegible] en avoient aussi. Voyez Pline liv. 10. Lettre 42. & 43.

Ruines de logis. Rome [illegible] sujete à [illegible] les maisons y estoient fort élevées, les cheutes fort frequentes; & que fort souvent on [illegible] les toicts par les cheminées, obelisques & grosses pierres que l'on conduisoit par la Ville. Horace n'a point oublié cette incommodité. Les maisons en Berry sont innocentes & respectueuses. Les bastisseurs y choisissent leur temps pour faire le faiste. Aussi l'une des Tours de saint Estienne tomba le 31. Décembre 1506. Ainsi une salle de Jacques Cœur tomba le jour de sainte Anne 1652. & le Roy avoit mangé dessous, & couché dessus en Octobre 1651. sans aucun étay. Ainsi une chambre chez moy fondit le lendemain des Nopces de ma fille le 19. Janvier 1677. & 12. personnes coulerent à fonds sans aucun danger. Ainsi à Saragoce en Berry un pignon tomba dans le fossé, & à une autrefois une Galerie de pierre se demembra vers 1665.

Reparations. Trois sortes de maisons sont toûjours mal reparées. Les Royales & publiques, les pupillaires & celles qui sont en Decret. *Principiis obsta.* Quant aux reparations, maladies, procez, & habitudes de pravées petites reparations non faites attirent les grandes.

Age des bastimens. C'est la grandeur. Voyez Mr. Cujas liv. 6. chap. 3. & M. Brisson en son Lexique, à ce mot. On peut encore l'entendre de la durée du bastiment, & en faisant son horoscope. Ce qui est fondé sur le Roc est éternel, ce qui est fondé sur le sable est caduc. On peut aussi l'entendre du temps de la Structure; car il est un certain air de bastir qui regne dans chaque siécle.

Merveilles ou Miracles d'Architecture au monde. Le Temple de Diane d'Ephese. Le Tombeau du Roy Mausole ample de 380. pieds, & élevé de 80. Le Palais de Cyrus cramponné d'Or. Le murs de Babylone cramponnez d'Argent, larges de 25. pieds, hauts de 60. & longs de 300. stades. Les Pyramides d'Egypte. Adjoustez le Colosse de Rhode haut de 90. pieds, & la Statuë de Jupiter Olympique. Voyez pour ce sujet Hygin en ses Histoires chapitre 223. Pline en son 36. liv. Martial dans ses Spectacles; Cassiodore dans ses Formules, Politien dans sa Manto, & Sabellique dans ces beaux Vers: *Nunc vetus Ogygias attollat Graecia muros, &c.* Voyez aussi les merveilles de Rome chez Pline liv. 36. chap. 15. & Lipse dans un ouvrage sur ce sujet. Adjoûtez à ces merveilles le Mont Athos Navigé par Xerxes. L'Isthme commencé à percer, le Lac Lucrin desseché, les Alpes frayées & rompuës, &c.

Autres Merveilles. Tout ce qui paroist suspendu est merveilleux. Tels sont les arcades, les voûtes, les saillies, les escaliers en l'air, les Tours volantes & les culs de lampes. On compte 3. voûtes l'une sur l'autre à l'observatoire de Paris, & à la seuë grosse Tour de Bourges. On a mesme transporté des murs pour en conserver les Peintures.

Eglises. Les belles Eglises anciennes n'ont esté basties que depuis Constantin, & les belles Modernes depuis l'an 1000. Glaber observe ce 2 point liv. 3 chap. 4. Pendant les Sieges on épargne les Eglises. Mais on les a souvent gastées pour les vouloir orienter. Les plus belles du monde sont celles de sainte Sophie à C. P. & de saint Pierre à Rome. Sainte Sophie estant servie par 60. Prestres, 100. Diacres, 40. Diaconesses, 90. Sous-Diacres, 110. Lecteurs, & 25. Chantres. L'Eglise de Paris compte 8. Dignitaires, 50. Chanoines, & 140. Chapelains. Il n'est pas vray que Justinien ait envoyé en France Anthemie & Isidore fameux Architectes, pour la bastir sur le modelle de saint Estienne de Bourges.

Car il n'a esté commencé qu'au 9. Siécle, & finy dans l'onziéme. Sainte Sophie estoit si belle au gré de son Fondateur, que dans le voisinage il avoit representé Salomon se cachant les yeux de honte. Celle de Beauvais fut commencée vers 990. & celle de Paris vers 1190. celle de Lisieux achevée vers 1080. celle de Limoges consacrée en 1095. d'Avranches en 1121. d'Orange en 1208. Thibaud Evesque de Nevers fit couvrir la sienne d'ardoise en 1180. On dit Choeur de Beauvais, Nef d'Amiens, Portail de Reims, Tours de Paris, Cloches de Mende, Cloches de Rhodez, Cloistre de Rennes & Eglise de Bourges. Elle ne rougira point devant toutes les Eglises de France, & aprés l'avoir veuë l'on peut se boucher les yeux tant elle est haute & délicate; quoyque ny dorée, ny tablotée. Elle a esté bastie comme toutes les autres Cathedrales, par les épargnes des Prélats, par les liberalitez des Princes, & par les charitez & pénitences des Peuples. On promenoit mesmes les Corps Saints par les Provinces. Mais les Protestans se sont signalez en abatant les Cathedrales d'Orleans, de Saintes, de Perigueux, de Valence en Dauphiné. Adjoustez S. Jean de Basas, S. Pierre de Monpellier, Nostre-Dame de Tarbes, &c. Ce Syllogisme estoit un peu violent. *Heretici destruxerunt templa, ne [illegible] [illegible] contra eos*, &c. Nostre Dame de Paris est longue de 174. pas, large de 60. & haute d'environ autant. D'autres disent qu'elle est longue de 65. toises, large de 24. & haute de 17. On donne à Nostre Dame de Chartres 417. pieds de longueur, 180. de largeur, & 112. de hauteur. Nostre Dame de Paris compte 120. Piliers & 40. Chapelles. L'Eglise de Salisbury en Angleterre compte autant de portes que de mois, & autant de fenestres que de jours en l'an. Ainsi dit-on que Demetrius Phalereus fut autrefois orné de 365. Statuës. Suger rebastit l'Eglise de saint Denis en France en 3. ans 3. mois, bien different de Noé qui donna un Siécle à la Fabrique de son Arche. On dit que sainte Croix d'Orleans est l'ouvrage de saint Guillaume & la toile de Penelope. Ce qui coûte cent ans à bastir, ne coûte que quelques jours à démolir. Nostre-Dame de Chartres a son Eglise souterraine & la Sainte Chapelle de Paris, comme aussi saint Estienne de Bourges. Aucuns ont crû que cette derniere Eglise estoit grillée en fond pour affermir la delicatesse des Piliers. Elle n'est ny massive comme saint Pierre de Rome, ny opaque comme Nostre-Dame de Paris. On décend à Nostre-Dame de Paris, & on monte à celle-cy, il ne luy manque qu'une croisée. L'obscurité des anciennes Eglises sert à fomenter la dévotion. Telles sont celles d'Italie. Les Maistres de l'Oeuvre & les proviseurs de la Fabrique, sont des restes de Structure, & des memoriaux de reparation.

Mais l'Eglise de saint Pierre de Rome est la Reyne de toutes les autres. Bramante & Michel-Ange en furent les Entrepreneurs, Jules II. en fit ébaucher la Structure, & puis les Papes suivans se sont étudiez a la finir & a l'embellir. Elle porte un Pantheon voûté ou un Dome en l'air, le modelle de tous les autres. Elle est toute briquetée au dedans, & marbrée au dehors. Elle est environnée de superbes Chapelles. Urbain y fit élever 4. Colomnes torses de Bronze, Innocent XI. la fit écussonner de ses Armoiries en tant de lieux, qu'elle en fut nommée le Colombier de saint Pierre. Mais cette belle Colomnate qui en fait l'entrée, ne laisse plus rien à souhaiter pour sa perfection.

Basiliques pour Eglises anciennes. Voyez Sidoine dans ses Lettres, Gregoire dans ses Histoires, & Fortunat dans ses Poësies. Basilique est une Eglise aislée. Telle est saint Pierre du Chasteau à Bourges, bastie vers 475. par Simplice Archevesque. Telle est saint Symphorien à present, saint Ursin bastie vers 540. par Arcade Archevesque de Bourges. Les portaux imitoient les Arcs de Triomphes: car la grande Porte du milieu estoit flanquée de deux petites. On demande ce que signifie *Capsum* chez Gregoire de Tours.

Chœurs. On fait récit du Chœur des Chartreux de Pavie. Mais à present les Chœurs sont si frequentez des Peuples, que les Religieux pour n'estre point distraits se sont retirez dans les Tribunes ou Jubé, ou dessus les Sacristies. *Tota piis fervet populis Ecclesia; sedes deseruere suas Monachi cœlumque frequentant.*

Retables ou Arrieretables. Ceux ou celles des Cathedrales & Collegiales sont simples, mais celles des Religieux sont manifiques pour attirer les Peuples. A Bourges le Retable de saint Sulpice fut fait vers 1610. des Franciscains vers 1620. des Dominicains vers 1630. des Augustiniens vers 1640. Les premiers sont les plus simples, & les derniers sont les plus historiez. *Inventis veterum adjicimus plerumque ne potes. Fac sapiant patres, pignora plus sapient.*

Nefs. L'Eglise se compare tantost à un Corps, & tantost à un Vaisseau. Comme Corps on dit que le Chœur en est le chef, & delà on a dit Chevet, & Chevessier pour gardien du Chevet. Comme Vaisseau on dit Nef d'Eglise & le Clocher en imite le mast. *Navi & templo semper vigilare necesse, Impendet Dæmon, ventos excire, paratus.*

Chapelles. Huge Duc de Bourgogne fonda celle de Dijon en 1172. S. Louis celle de Paris. Charle V. celle de Vincennes, les Ducs de Bourbon celle de Bourbon, Jean Duc de Berry celle de Bourges qui les surpasse en beauté. Saint Estienne de Bourges est un miracle d'Architecture, & la Sainte Chapelle en est un chef d'œuvre. Les grandes Cathedrales ont toûjours 3. ou 6. Chapelles en œuvre derriere le Chœur, & basties en mesmes temps: mais toutes les autres Chapelles qui sont autour sont de 3. Siécles. On prenoit autrefois Chapelle pour Paroisse, & Chapelain pour Curé. La 1. Chapelle tire son nom de la Chape de saint Martin que Nos Roys faisoient porter dans les Guerres, & deposer sous un Pavillon comme l'Arche d'Aliance pour leur porter bon-heur. Ils eurent depuis recours à l'Oriflame.

Dômes. *Trullum* estoit le Dôme du Palais Imperial de C. P. On y a tenu un Concile nommé *Concilium in Trullo*: Mais aucuns de bonne-foy ont pris ce lieu pour Ville. Mr. de Racan Poëte de grande maison & de peu d'erudition a crû aussi que la Cassandre de Lycophron estoit une Ville. Un autre prenoit la Geographie pour une Isle. *Trullum* signifie Coupe, Coupole ou Coupelle: car il en a la figure. Les Dômes ont passé de Rome à Paris, & certaines Monsales pour en avoir un exorbitant & mal proportionné en la ruë de S. Honoré, en ont remporté un surnom scandaleux. Bramante donna le dessein de celuy de saint Pierre de Rome pour encherir sur le Pantheon qui n'est qu'un Dôme à pied.

Clochers. On à tort en France d'avoir de si grosses Cloches, car Rome n'en à que de fort petites, & la grosse Cloche fait souvent tomber le Clocher, comme la grosse Porte le petit Portail. Les Clochers anciens consistoient en Tours, les suivants en pointes, & les Modernes en lanternes. Les Tours estoient les plus seurs Clochers; & néanmoins la Tour de saint Estienne de Bourges qui servoit de Clocher tomba le 31. Décembre 1506. Les Clochers se nommoient les Tours des Seings *Turres signorum*, comme celle de S. Pierre le Puellier de Bourges. Les pointes sont à la mercy dés Vents. Ainsi le Clocher de S. Medard fut emporté par un orage vers 1541. Ces Clochers néanmoins servent comme de Phares & de Guides aux Voyageurs. Aucuns mesme on crû que les noms de Bourgs terminez en *Acus* en tiroient leurs noms, mais cela n'est pas veritable, comme j'ay fait voir dans mon *Prest-gratuit* & ailleurs. On met un Coq à la pointe, parce que les Chrestiens dans les 3. premiers Siécles s'assembloient pour le priere au chant des Coqs & à la sourdine. Les Anglois se sont entre tous les Peuples signalez par les Clochers. Avant ces Clochers on avoit aussi des Clochers de pierre entez sur les Nefs des Eglises, mais ils en ont souvent causé la ruine comme celuy de Montermoyen à Bourges en 1647.

Porches ou Portiques. Toutes les anciennes Eglises en avoient à cause des Catecumenes, Energumenes, & Penitens qui estoient obligez de sortir de l'Eglise pendant la Consecration & Communion. Les Emp. se faisoient mesme un grand honneur d'estre inhumez aux entrées des Eglises. A present on veut pourir sous les Autels, & infecter les Sanctuaires. *Limen* se prenoit mesme pour Tombeau, & delà vient cette locution. *Apostolorum limina visitare.* Jean de Montlaur Evesque de Maguelone, enrichit en 1178. de plusieurs ornemens le grand Portail de sa Cathedrale, & y fit graver ces 4. pieux Vers.

Hc portum vitæ, sitientes quique venite.
Has intrando fores, vestros componite mores.
Hinc intrans ora, semper tua crimina plora.
Quidquid peccatur, lacrymarum fonte lavatur.

Les Romains avoient aussi leurs Portiques pour éluder les injures de l'air, & se promener commodement à couvert & à l'air néanmoins, comme dans les Cloistres de nos Religieux. Auguste, Octavia sa sœur & Agrippa gendre d'Auguste en bastirent, comme aussi Gordien & Faustine. On en voit encore de tres-beaux restes à Rome. Lisez Pancirole liv. 1. chap. 35 de son Trésor.

Hôtels-Dieu & Hôpitaux. Il en faut pour les Malades, les Pauvres, les Lépreux, les Insensez, les Enfans, les Voyageurs, les Vieux, les Femmes malmariées, les Veuves, les Vieilles, & pour les Repenties. Il est vray que les Lépreux ne sont plus à la mode, mais les Teignes. On peut avoir trop d'Abbayes

& de Prieurez, mais on ne peut avoir assez d'Hôpitaux. Celuy de Lyon est un des plus curieux de France. Celuy de Bourges tient aussi son rang. Ils doivent estre spacieux, bastis sur l'eau & en bel air. Les sales doivent estre distinguées par les sexes, encore plus que par les âges. Il sont ordinairement voisins des Eglises Cathedrales ou aux portes des Villes. La grande Porte doit estre accompagnée d'un Berceau de pierre élevé de 4. pieds pour y recevoir *Opera tenebrarum* les enfans clandestins que l'on y porte de nuit. Ainsi Rome avoit sa colomne Laictiere. La Charité sur Loire fut fondée sur le pied d'un Hôtel Dieu pour les Romipetes ou Voyageurs de Rome. Elle comptoit encore 160. Religieux en 1300. Les Hostelliers en Espagne qui reçoivent gratis les Religieux mendians sont exemps de tribus. en Allemagne ils n'en sont pas exempts, mais les Peagers prennent en payement les Quittances des Religieux rapportées par les Hostelliers. Rome avoit sa Taberne meritoire, comme Paris ses Invalides. Taberne mesme est un nom de fortification, dela vient Saverne, Vergne, Berne, Beaune, &c. Mais sur les Hospitaux voyez Pancirole en son Tresor liv. 2. chap. 172. & mon Manüel de l'Hospital général de Bourges.

Seminaires ou Pepinieres de gens d'Eglise. On en institue par toute la France. Mr. Bulé nostre Vitruve moderne a donné le dessein du nostre. Presque tous les anciens Monasteres des Gaules à commencer par Ligugé le plus ancien de tous (*Locutiacum*.) estoient des especes de Seminaires.

Monasteres & maisons Religieuses. Celles des Mendians & principalement des Religieux de saint François d'Assise doivent estre simples. Le Toscan estoit l'Ordre de ce grand Patriarche. On dit mesme qu'il montoit sur les bastimens trop somptueux, & en abbatoit les couvertures. Assise & Gêne n'ont pas néanmoins obéy à sa Regle. Quant aux Benedictins comme ils sont rentez & fondez par des grands Princes, leur maisons sont plus somptueuses. Celle de Marmoutier est renommée entre celles de France. Mais il est fâcheux de ce que tous les Monasteres aux portes des Villes sont ruinez tost ou tard à cause des Siéges. Les maisons des P. Jesuites sont aussi assez bien basties. Celle de Bourges que le P. Guery Recteur bastissoit vers 1625. fit tant d'éclat que le Général défendit de continuer, & commanda mesme d'abbatre ce qui estoit basty, mais feu Mr. le Prince de Condé interposa son crédit & arresta le coup. C'est de l'Horloge de cette maison que tomba le Frere Rapin vers 1630. sans se blesser. Les Eglises Cathedrales d'Angleterre se nomment Monstiers, parce qu'elles ont commencé par des Monasteres.

Refectoires. Celuy de S. Denis en France est remarquable. Car les Piliers sont fort minces & fort élevez, & ils soustiennent 23 Voûtes. Du vieux *Triclinium*, nos vieux François ont fait leur nom de Tinel.

Dortoirs. Ils doivent estre en haut comme les Refectoires en bas. Les anciens Dortoirs n'estoient point partagez en cellules. Les lits des Religieux estoient comme ceux des Hospitaux. Les Religieux mesme se voüoient à l'Insomnie comme aussi à la Chameunie, car ils couchoient à terre & sur la dure, ou comme parle la sainte Ecriture sur l'aride.

Tombeaux

Tombeaux. Les Temples ont commancé par les Tombeaux. Celuy de Mausole estoit célébre. Voyez Strabon, Vitruve, Mela & Pline. Mais la courtisanne Rhodope ne méritoit pas le sien : car elle avoit vécu plus couchée que de bout, & avoit fait des profusions de son corps. Dans les Villes on portoit les corps des Citoyens hors des murs & dans les Camps, ceux des Soldats hors du fossé. Il faut estre Héros pour meriter sa Sepulture, à S. Denis en France, comme Alphonse de Brenne, Bertrand de Guesclin, Louis de Sancerre, Louis d'Evreux, Arnaud de Barbazan, Guillaume du Chastel, &c. & nouvellement M. de Turenne. Le Chasteau de Saint Ange à Rome servoit autrefois de Tombeau à l'Empereur Hadrien. Sannazar raille tres-agréablement un miserable qui vivoit à la gueusaique, & qui se faisoit bastir un Tombeau à la Royale. Il ne faut que trois mots à un Héros. *Scaliger heic situs est. Cujacius heic requiescit. Pompeius jacet heic. Conditur heic Marius.*

Catacombes ou Catatombes estoient des lieux souterrains à Rome, desquels on tiroit de la pierre & du sable. Les Chrestiens s'y assembloient pendant les persécutions, y faisoient leurs prieres, & y recevoyent leur sepulture.

Temples. On dit que celuy de Pallas basty de Marbre blanc par Thésée dans la Citadelle d'Athenes subsiste encore. Le plus superbe entre les Paganiques estoit celuy d'Ephese. 127. Roys en firent la dépense pendant 2. Siécles. Il fut refait a trois fois, & toujours de bien en mieux. Enfin Erostrate pour s'éterniser le brûla. Democrite d'Ephese en avoit composé un livre, comme Procope des bâstimens de Justinien. Voyez Pline liv. 36. chap. 14. Voyez plus amplement Hygin en ses Fables chap. 225. Le plus superbe Temple entre les Hebraïques fut celuy de Salomon. Cette Structure cousta 7. ans & demy, & il en employa 13 a se bastir un Palais : *Esto Deo velox . sed tibi lentus eris.* Voyez le Livre des Roys, l'Histoire de Joseph & le P. Villalpandus Iesuite. David en avoit formé le dessein, mais il avoit les mains teintes de sang. On prit dela sujet de dire de Louis XIII. de juste memoire, fondateur de l'Eglise de saint Louis, ruë S Antoine à Paris : *Vincit ut David, edificat ut Salomon.* Rome comptoit plus de 400. Temples. De ces Temples celuy de Mars est dedié à sainte Martine, d'Apollon à saint Apollinaire, d'Hercule Alexicaque à saint Alexis, de Romulus, & Remus à saint Cosme & saint Damien, du Pantheon à tous les Martyrs, puis à tous les Saints, & enfin à la Mere de Dieu. Ce Temple ne reçoit du jour que par le comble. Il est haut de 144. pieds, & large d'autant. Les Basiliques estoient longues & aislées, mais les Temples estoient ronds, carez, ou a pans. Le Temple de Salomon fut basty à petit bruit. N. S. comparoit son Corps au Temple, il ménaçoit de le détruire & de le rétablir en trois jours. Voyez le 3. liv. de Vitruve vous y trouverez de 5. sortes de Temples.

Presche. Les plus beaux de France estoient à Paris, à la Rochelle, &c. Mais depuis 1686. ils sont ou démolis, ou convertis en Eglises. Le sieur de Brosse avoit donné le dessein de celuy de Charenton. Le superbe Portail de saint

Gervais de Paris est aussi de son invention, & de celle de Clement Metezeau natif de Dreux qui entreprit de diguer la Rochelle.

Synagogues Iudaïques. Voyez les 2. Codes du Droit Romain, & les Formules de Cassiodore. Les Iuifs pouvoient reparer les anciennes, mais ils ne pouvoient pas en bastir de nouvelles. Il ne pouvoient pas mesme sans congé du Prince rebastir les anciennes tombées par terre. Par le droit François on en use ainsi, pour les fourches patibulaires si on passe l'année sans les rétablir.

Mosquées. Ce sont les Temples des Turcs. On dit que C. P. en compte 300. comme aussi 100. Hospitaux & 100. Thermes ou Estuves publiques. Il semble que Mosquée vient de *Mosaica*.

Ecoles, Colléges, Academies. Athene avoit sont Academie, son Lycée, son Portique, &c. Marseille avoit aussi ses Ecoles émules de celles d'Athene. Il n'estoit point de Metropole sans Ecole. Les Edits des Empereurs y sont formels. L'Ecole de Rome se nomme Sapience, car on y doit apprendre plûtost à estre sage que sçavant. Siene à aussi son Collége de Sagesse. L'Empereur Adrien fit de Tivoly son Versaille, & y bastit Lycée, Academie, Prytanée, Canope, Pecile, Tempe &c. On y trouvoit en abregé tout ce qui se voyoit ailleurs de plus remarquable.

Bibliotheques. Rome en comptoit 28. La Palatine & l'Ulpiene estoient les 2. principales. Les grandes de l'Univers à present sont celles du Pape, de l'Empereur & des Roys de France, d'Espagne & d'Angleterre. Celle du Vatican fut bastie par Sixte V. Autrefois elle estoit sur des tablettes, elle est maintenant dans des Aurmoires. Les cantons des Livres se nomment rayons d'un nom Italien tiré du Latin *Regio*. Ainsi Rome avoit 14. rayons ou quartiers, C. P. autant. Auguste avoit divisé l'Italie en 11. rayons ou regions. Pline en fait l'ordre : mais voyez Lipse en son Traité des Bibliothéques. Car je ne veux estre ny Copiste ny Plagiaire. Paris excelle en ce genre comme en tout autre. C'est la Capitale de la France, & l'abregé de l'Univers.

Imprimeries. Les plus belles sont celles à present de Vatican à Rome, du Louvre à Paris, d'Oxfort en Angleterre, & d'Amsterdam en Hollande. Et celles autrefois des Manuces à Venise, des Estiennes à Paris, & de Plantin avec Moret son gendre à Anvers. La principale qualité d'une *Imprimerie* c'est d'estre claire pour composer, solide pour tirer, & retirée du bruit pour n'estre point distrait.

Villes. La premiere Ville fut bastie par le premier réprouvé. Les grandes se nomment *Vrbes* les petites *Opida*. Rome se nommoit par excellence *Vrbs*, Constantinople *Polis*, Athenes *Asty*, Ierusalem *Civitas*. Paris se doit compter pour six Villes : car presque toutes les maisons sont à six étages. Les anciennes Villes estoient rondes ou carées [illegible] se nommoient *Clupea*, & les carées *Trapeza*. Mais le [illegible] sa figure. *Vrbs*, *Orbis*, *Curvus* & *Coronis* ressem[illegible] *Polis* aussi-bien que *Pila* du verbe Grec [illegible]. Voyez [illegible] *signif*. Les Villes fortes & Martiales doivent estre rondes, les Villes Marchandes & Mercuriales doivent estre longues. Les nouvelles Villes sont comme les Armoiries des Roturiers, elles sont belles parce qu'elles sont faites à plaisir. Les anciens ne plantoient pas les maisons, ils les semoient au hazard. Les Villes basties par les Princes sont regulieres: mais celles basties par les Peuples comme Bourges, Poictiers, Arles, Narbonne, &c. sont irregulieres. M. Cuias dans une lettre que j'ay de luy inscrite à Claude Dorsanne Lieutenant Général à Issoudun, & bisayeul de mes enfans, dit que *Vrbes sunt civium*. Mais les Princes ne conviendroient pas de cét Axiome. Voyez néanmoins Isidore en ses origines liv. 16. chap. 1. Les belles Villes sont en Flandre & en Hollande, les antiques en Italie & en France. L'Egypte autrefois comptoit plus de Villes que le reste de la terre. Les 3. grandes Villes ont esté Troye en Asie, Carthage en Afrique, Rome en Europe. Certaines Villes sont doubles comme Basle & Mastric. Certaines sont nommées rustiques comme ces quatre de l'Empire, Cologne, Regenspurg, Constance & Saltzbourg. Certaines sont nommées noires, comme Angers à cause de ses ardoises, pedestres comme Alez, car elle est si fort inégale que les Caroces ny roulent point. Les autres forestieres, marecageuses, montagneuses. On monte aux unes comme à Jerusalem, on décend aux autres comme à Jerico.

Rome fut divisé par Romulus en 3. quartiers *inde tribus*. Puis en 4. par Servius Tullius, puis en 14 par Auguste. Rome comptoit vers l'an 400. de N. S. 7. Montagnes, 7. Ponts, 8. Champs ou grandes Places, 10. Basiliques, 11. Marchez, 11. Thermes ou Etuves, 856. Bains, 14 Quartiers, 424. Ruës, 37. Portes, 29. Chemins, quarante six mille soixante deux Isles, mille sept cens quatre vingt Maisons, treize cens cinquante deux Lacs, deux cens cinquante quatre Boulangeries, 28. Bibliotheques, 2. Capitoles, 2. Cirques, 2. Amphitheatres, 2. Colosses, 2. Colomnes à vis, 3. Theatres, 5. Obelisques, 5. Naumachies ou Places à combats d'eau, 36. Arcs ou Arcades de Marbre, &c. Mais comme Rome avoit souvent pillé, elle a aussi esté souvent pillée. Elle a esté la 7. fois par le Catholique Empereur Charles Quint. Les Romains estoient les Gascons de toute la Terre. La description faite par Publius Victor est plus ample. Auguste se ventoit d'avoir changé Rome de Brique en Rome de Marbre: *Lateritiam inveni, marmoream relinquo*. On applique ce passage à M. Cuias quant à la Iurisprudence, & à M. Feruel quant à la Medecine, & à Scaliger fils quant à la Chronologie, & à Valla quant à la langue Latine, & à M. le Cardinal de Richelieu quant à la Sorbone. On compte plusieurs Romes au monde. La nouvelle c'est C. P. la Gauloise c'estoit Arles, & la Germanique c'estoit Cologne. Autres disent Capouë en Italie, Carthage en Afrique, Autun en Gaule.

Rome moderne à ses graces & ses beautez qui consistent en Eglises & en Palais, en Places & en Ports, en Statuës & en Tableaux, &c.

Constantinople Ville située sur 2. Mers, comptoit vers l'an 410. de N. S. 14. Quartiers, 14. Portes, 321. Eglises, 4388. Maisons, 52. Porches ou Portiques, 153, Bains domestiques, 2. Colomnes à vis, 1. Colosse, 1. Cirque, 4. Ports, 2. Theatres, &c. Il faut voir la description qu'en a faite Mr. du Cange dans son Histoire Byzantine.

Constantinople moderne n'est plus que l'ombre de l'ancienne. Elle compte 300. Mosquées, 100. Hospitaux & 100. Bains publiques, mais presques toutes les maisons ne sont qu'à un étage. Les Chrestiens bastissent ; mais les Turcs destruissent.

Paris emporte à present le prix sur toutes les Villes du monde. On peut luy appliquer ce que Sidoine écrivoit de Narbonne dans le 5. Siécle : *Salve Parisius salubritate, Vrbe & rure simul bonus videri*, &c. Voyez cét admirable Phil[illegible]que de plus de 500. Vers. Paris seul emporteroit à la Balence tout le reste du Royaume, une seule de ses ruës vaut une grande Ville. Mais aussi n'est-il point de pistole qui n'en face le voyage tous les ans, tout se porte à la teste. Paris est admirable par ses Eglises & Hospitaux, Colléges & Academies, Cabinets & Bibliotheques, Palais & Hostels, Tribunaux & Polices, Ruës & Places, Portes & Portaux, Ponts & Quais, Canaux & Fontaines, Caroces & Chaises. Boutiques & Atteliers, Tableaux & Statuës, Imprimeries & Graveries, Marchez & Foires. L'air de Paris néanmoins n'est pas favorable à l'Architecture, car les pierres y deviennent noires, & toutes les Structures s'y ternissent.

Villes quand basties. Voyez Hygin chap. 275. Pline liv. 7. chap. 56. Isidore liv. 15. Caïn bastit la premiere Ville & la nomma Enochie du nom d'Enoc son premier fils. Nembroth autrement Belus bastit Babylone, Ninus Ninive. Les Villes se multiplierent ensuite. Alexandre bastit plusieurs Alexandries & Alexandroples. On en pourroit compter prés de 20. mais la plus celebre de toutes c'est celle d'Egypte. Seleucus seul bastit 12. Antioches à l'honneur de son pere ; ce qui me remet en memoire tant de Monasteres bastis ou rebastis par Charlemagne & par Louis le Pieux. Les Romains & les peuples Romanisez fonderent ainsi une infinité de Villes en l'honneur de Jule Cesar & d'Auguste. Il ne faut que voir *Stephanus*, *Ortelius*, & sur tout M. Baudran nostre sçavant amy : mais il seroit bon de sçavoir qui estoit ce Novius, ce Lupus, cét Albinus, &c. des noms desquels on a nommé tant de Villes, de Places & de lieux.

Villes basties suivant leurs dénominations & autres Memoires.

ALENÇON par *Valens*, Ancey par *Anicius*, Avesnes & Vichy par *Avius*, Andelot par *Andelus*, Alby par *Albius*, Aix l'un par *Granius*, & l'autre par *Sextius*, Andernac par *Antonius*, Arnac par *Arrianius*, Bourbon & Broüage par *Probus*, Bergerac par *Barbarius*, Beaugency par *Fulgentius*,

Fulgentius, Buzancais par *Prudentius*, Bingen par *Benignus*, Bavais par *Bavius*, Breda & Bridiers par *Nebridius*, Carthage par *Didon*, Chinon par *Canius*, Chimay par *Alcimus*, Grotoy par *Quartus*, Cadillac par *Catullus*, Cambray & Chambery par *Camerius*, Cracovie par *Gracchus*, Canterbie par *Quintus*, Cronstad par *Cronius*, Clagenfurt par *Claudius*, Craimborg par *Charinus*, Dinan par *Dynamius*, Dordrec par *Deuterius*, Duerstedo par *Theodorus*, Doüay par *Duodecius*, Dtanzic par *Abundantius*, Enghien par *Anicius*, Gien par *Geminius*, Gergeau par *Georgius*, Gembloor par *Gemellus*, Gorcom & Gorice par *Gregorius*, Granson par *Granius*, Gand par *Candidus*, Gonesse par *Hugo*, Harlem & Harlay par *Arellius*, Issoudun *Auxiliodunum* par *Auxilius*, Inspruc par *Joannes*, Louvain, Laubec & Lubec par *Lupus*, Lyon & Leyde par *Munatius Plancus*, Lusignan par *Licinius*, Morlais par *Maurelius*, Misne par *Missenus*, Memmingen par *Memmius*, Maubeoge par *Mallius*, Mirepoix par *Hemerobius*, Nancy par *Tomantius*, Ninive par *Ninus*, Orleans & Orillac par *Aurelius*, Provins par *Probinus*, Perpignen par *Perpenna*, Paderborn par *Paterius*, Padoue par *Antenor*, Rome par *Romulus*, Rufac par *Rufus*, Renty par *Florentius*, Sancerre *Saxiacum* par *Voconius Saxa*, Sedan par *Secundus*, Sully par *Sollius*, Stetin par *Statius*, Spire par *Ruspenius*, Stenay par *Athenaus*, Sarlat par *Arellius*, Tartas par *Tertius*, Valenciennes par *Valentinus*, Vitry par *Victorinus*, Yorc par *Eboreus &c.*

Ruës. Elles doivent estre larges & droites comme celles des nouvelles Villes, & non pas étroites & courbes ou tortuës comme celles des Villes anciennes, & particulierement les grandes ruës qui doivent avoir cét avantage sur les ruës croisieres & traversieres. La largeur doit suffire à la rencontre de deux charrois, afin qu'ils puissent passer sans choquer, heurter & embarasser. C'estoit la largeur des murs de Babylone selon Properce au liv. 3. de ses Elegies. Quand on ne peut les élargir entierement, elles doivent estre sinueuses en quelqu'en droit du milieu pour la commodité des deux charrois contraires. Elles peuvent aussi avoir des remises & faire des recoudes, afin qu'un charroy se retire à l'écart pour faire place à l'autre. Outre ce que dessus elles doivent estre un peu panchantes pour l'écoulement des eaux. Les Villes à ruës larges ne sont pas sujettes aux incendies generaux; car la distance des maisons empesche le trajet des bluettes & des flames & facilite le secours. Je ne puis nommer la ruë de la Feronnerie à Paris sans verser des larmes. Car l'étroitesse de cette ruë scelerate causa le parricide commis en la personne sacrée du Roy Henry le Grand. Les gens prouides qui vont à la haste ou qui employent les Fiacres de Paris, doivent toûjours choisir les grandes ruës pour éviter les embaras & les retardemens. On nageoit autrefois à Paris dans la boüe, mais à present les ruës sont fort nettes. *Absque luto cum sit, vix illa Lutetia nunc est.* Des trois L. de Paris en voila une supprimée, mais il reste encore *Lis & Lues.* On observe que dans les pays chauds les ruës sont étroites, & que dans les pays venteux les Toits sont bas & plats. Plus les Villes sont percées de ruës & de portes, & plus elles sont commodes. Bourges a perdu plusieurs de ses rues. Anvers en compte 1200. & 22. places. La science des rues de Paris est une science de Savetier & de Crocheteur, & néanmoins necessaire. Les Quinze-Vings de Paris les sçavent & les Six-Vings de Chartres les sçauroient bien.

Hostels. On nomme ainsi les Maisons moins belles que les Palais, & plus belles que les simples Logis. On abuse souvent de ce nom comme de celuy de Marquis & de Comte pour Sieur, de Capitaine pour Concierge, de Trésorier pour Receveur, de Secretaire pour Clerc, & d'Abbé pour Prieur, Chapelain & Vicaire. Mais les noms manifiques ne coustent rien.

Isles ou logis isolez. Rome ne comptoit que quelques dix-huit cens maisons, mais elle comptoit prés de quarante cinq mille Isles. Voyez Pencirolo liv. 1. chap. 49. Aucuns disent que les maisons estoient en pavillon & les Isles en pignon. Que les maisons estoient pour les grands Seigneurs, & les Isles pour le petit Peuple. Ces Isles estoient fort commodes pour éviter les servitudes prediales & les incendies, & pour avoir des lumieres & des veues, *lumina & prospectus*, qui sont deux choses bien differentes. On reçoit les lumieres dans les chambres, mais on porte les veuës hors des chambres. Ce sont des perspectives & des lointains. Le I. C. Aquilius estoit plus célèbre par sa maison que par sa science. M. Cujas de son temps faisoit le mesme reproche à un certain. Le logis de Romulus subsista long-temps à Rome. On le reparoit toûjours comme le Vaisseau des Argonautes.

Murs célèbres, comme ceux de Babylone, d'Avignon, & mesme ceux de Bourges du temps de Cesar qui estoient de pierre & de bois. De pierre pour resister au feu, & de bois pour resister au Bélier. Ce qui me fait souvenir de ces deux anciennes Colomnes élevées aprés le Deluge, & inscrites à perpetuité. L'une estoit de pierre pour resister aux eaux, & l'autre de brique pour resister au feu, qui sont les deux Deluges à craindre. Mais le plus célèbre de tous estoit celuy d'Angleterre basty par l'Empereur Severe. Il estoit large de 8. pieds, élevé de 12. & long de six vingt mille pas. On parle aussi de certains murs bastis les uns de Sel, *Sale è montibus excisa*, les autres à guise de fromage & ils en sont appellez *formaceos parietes*. On met des planches des deux costez & on farcit le milieu de pierre & de mortier que l'on bat, & de là vient le mot de bastir *battuere*, qui vient aussi du Grec [illegible]. Car on ne lave jamais le linge sans le battre. Voyez Pline liv. 35. chap. 14. On dit qu'Amphion bastit les murs de Thebes au son du violon. Les pierres estoient autant d'Automates, un coup d'archet valoit une grûe. La verité est qu'Amphion estoit un joueur d'instrumens qui gaigna beaucoup, & employa son gain à bastir ces murs. Phryne ou Lais célèbre courtisanne ayant esté pareillement heureuse dans sa profession, offrit pareillement de rebastir les murs de sa patrie, mais à condition que cette inscription y seroit apposée; *Ex intemperie Graecorum*. Comme l'Art à ses murs, la Nature à aussi les siens. Telles sont les Montagnes ausquelles on peut adjoûter les Eaux & les Forests.

Portes & Portaux. C'estoit une coustume en Grece & à Rome d'ouvrir sa porte en déhors. Muret en fait la remarque dans ses Diverses lectures liv. 2. ch. 17. & Pline liv. 36. chap. 15. *Fores* s'ouvroient en déhors, & *Valvæ* en dedans. En ouvrant ces portes externes, il falloit crier aussi fortement comme en versant de l'eau par une fenestre haute. Car sans ce cry on auroit peu estre jetté à terre, & sur le pavé quelque passant. Diocletien & Maximinien firent refaire les maisons & les murs de Grenoble, & pour en conserver la mémoire, ils nommerent; sçavoir Diocletien la porte de Rome *Iovium*, & Maximien celle de Vienne *Herculeam*. On renouvelle tous les portaux de Paris. Ceux de nos principales Eglises de Bourges furent renouvellez vers 1380. & 1400. Samson en gondoit les portes & s'en chargeoit. Porte se prend pour Tribunal, & pour Boucherie, parce que ces deux lieux estoient aux portes des Villes, & quelquesfois ces deux lieux ont grand raport. *Mactantur tauri mactabunturque clientes.* Mais il faut observer que les anciens Grecs & Romains ne faisoient que des portes carrées, & des fenestres carrées, à la reserve des grandes portes des Villes. Philandre en fait la remarque sur Vitruve liv. 4. chap. 6. Pour moy je voudrois arcader sous les voûtes, & carrer sous les planchers. Les portes rondes sont plus seures, mais les plates bandes sont plus assortissantes.

Citadelles. On dit que celle d'Athenes & de Corinthe subsistent encore. Elles sont comme les Vignes, bien mieux plantées & située sur les hauteurs que par tout ailleurs. Il n'en faut que sur les Frontieres. Car dans le cœur d'un Estat ce sont des Spelonques de voleurs. Toute nostre Aquitaine en estoit herissée autrefois à cause des Anglois. On les nommoit Fertez, Fertes. & Bretesches du mesme nom *Firmitas*, comme aussi Motes, Pierres, Roches ou Verroches *Verrucæ*, Bastides & Bastilles, Freins, Cavessons, Chastisons, Maschicoulis, [illegible], &c.

Capitoles que les gens d'Eglise appellent Chapitres, sont des Sales à deliberer & consulter. Toutes les grandes Villes avoient leurs Capitoles comme Rome, Capouë, Benevent, Bourges, Toulouse, Narbonne, &c. Nulle Capitale sans Capitole. Le Capitole de Rome à esté le modelle de tous les autres. On dit que Domitien employa douze mille talents à le dorer, ce qui revient à quelques 7. millions. Mais il faut voir les Antiquitez de Rome sur ce sujet.

Hostels de Ville. Nos Villes de France n'en ont que depuis 5. ou 6. Siécles qu'elles ont droit de commune, d'assemblée, de Seaux, d'Officiers, &c. Celuy de Paris est le premier de tous les autres. L'Ancien de Bourges est annexé au College, & le nouveau se tient à present dans le superbe logis du fameux Jacques Coeur. Paris est la Ville du monde la plus superbe en Hostels comme sont ceux cy, outre l'Hostel de Ville. Auvergne, Angoulême, Avaux, Bourbon, Bourgogne, Bourges, Beauvais, Bullion, Brion, Bretonvilliers, Bassac, Bo[illegible] Grolliers, Chavanes, Carnavalet, Colbert, Clugny, Condé, Conty, E[illegible] Effiat, Emery, Fieubet, Guise, Gesvres, Guenegaud, Grammont, Grançay, Guitry, Herval, Jars, Luxembourg, Louvois, L'Esdiguieres, Leon, Luynes,

Lionne, Longueville, Montmorency, Montauzier, Mailly, Megrigny, Nemond, Navailles, d'O, Premier President, Pompone, Pussort, S. Paul, Richelieu, Soissons, Sens, Seguier, Sully, Senecterre, S. Simon, Tambonneau, Thou, Vendôme, la Vieuville, Vic, la Vrilliere, &c.

Palais. Celuy de Salomon proportionné au Temple qu'il avoit basty. Il employa 7. ans à bastir le Temple de Dieu, & prés de 14. ans à bastir son Palais. Les Palais de Caligula & de Neron à Rome. Pline en parle ainsi liv. 36. chap. 15. *Bis vidimus Urbem totam cingi domibus Principum Caii & Neronis, & hujus quidem (ne quid deesset) aurea.* Adjoutez ce qu'en dit Martial liv. 1. *Hic ubi sidereus &c.* Et la Pasquinade, *Roma Domus fiet &c.* On dit que l'Escurial compte 17. Cloistres, 22. Cours, 11000. fenestres, 800. Colomnes & plus, Chambres sans nombre, & cent mille Volumes dans les Bibliothéques. Les Palais Royaux ont occasionné les fondations de quelques Villes, comme saint Jean d'Angely, car Angely estoit un Palais. On attribua le Palais à Gallien, l'un à Bourdeaux, & l'autre à Poictiers. On sçait à Rome où estoient les Palais d'Auguste, Claude, Nerva, Constantin, Dece, &c. Celuy du grand Constantin estoit à saint Jean de Latran.

Descriptions de Palais. Voyez celuy du Soleil chez Ovide dans ses Metam. celuy d'Alaric chez M. de Scudery, &c.

Palais anciens des Roys de France, tirez du P. Mabillon, en son Traité des Chartes. *Attiniaca Villa*, Villeneuve saint Germain prés Compiegne. *Andegavum* en D[illegible] de Saintes, *Antenacum* Andernac sur le Rhin, &c.

Marchez, Hales, & Places de commerce. Rome en comptoit 17. *Boarium*, [illegible] Voyez Vitruve liv. 5. chap. 1. Toutes ces Villes qui portent le nom de *Forum* [illegible] Villes de Negoce. On en compte prés de 50. Nos Bourgeois [illegible]

www.ingramcontent.com/pod-product-compliance
Lightning Source LLC
Chambersburg PA
CBHW051207050726
47594CB00007B/3098
* 9 7 8 2 0 1 2 7 7 9 0 1 3 *